NOTE LUE A LA SÉANCE

DE

L'ASSOCIATION GÉNÉRALE DES MÉDECINS

DU LOIRET

Le 30 septembre 1885, une nombreuse affluence com·posée de parents, d'amis, de confrères et de presque tous les habitants de Bellegarde, accompagnait à sa dernière demeure le médecin aimé et estimé qui administrait la commune depuis vingt-huit ans.

Jacques-François Tartarin naquit à Lorris, le 19 août 1813. Son père, simple artisan, ne put lui faire donner qu'une instruction incomplète et, à l'âge de 16 ans, il entrait comme apprenti chez M. Mauduyt, pharmacien à Montargis.

L'année suivante, il était à Paris à la pharmacie Guibourt où, bientôt entraîné par son humeur ardente, il prenait une part active à la Révolution de 1830.

En 1832, pendant l'épidémie cholérique, il fut attaché à l'ambulance de la rue des Prêtres-Saint-Germain-l'Auxerrois. Le dévouement dont il fut témoin de la part des médecins attachés à cette ambulance, frappa fortement son cœur en lui montrant les services qu'on peut attendre de cette noble profession; il sentit que sa vocation l'entraînait vers la médecine qu'il se prit à étudier avec ardeur concurremment avec la pharmacie.

En 1833, ses ressources ne lui permettant pas de racheter les mauvaises chances du sort, il s'engagea dans la médecine militaire et, l'année suivante, il était sous-aide-major à Strasbourg.

En 1836, il assista à l'échauffourée organisée par le prince Louis Bonaparte, et, la même année, il épousait par inclination Mlle Malachowska de Piotrowska, fille d'un ancien capitaine de lanciers polonais et arrière-petite-fille de Stanislas Valencz Malachowsky, grand patriote et le dernier président de la Diète polonaise (1788-1792).

En 1837, il était au Val-de-Grâce. Libéré en 1838, il songea d'abord à exercer à Paris; mais, pour cause de santé, il dut quitter Paris et vint se fixer à Bellegarde où, grâce à son zèle, son talent et son activité, il réussit au gré de ses désirs.

En 1849, le choléra éclate à Ladon. Sans hésiter M. Tartarin néglige sa clientèle et va soigner les cholériques. Une médaille d'honneur fut la récompense de sa courageuse abnégation.

En 1857, il était nommé maire. Grâce aux qualités qu'il sut déployer dans l'exercice de ces fonctions, souvent difficiles ou délicates, il fut maintenu à son poste jusqu'à sa mort.

Pendant la guerre de 1870-71, il montra comme maire une courageuse résistance aux demandes incessantes de l'ennemi, en même temps que, comme médecin, il se dévouait pour ses administrés et les blessés français; aussi le gouvernement, pour reconnaître son zèle et son énergie, le nomma Chevalier de la Légion d'honneur.

Comme médecin, M. Tartarin sut se distinguer par la perfection de son diagnostic, le zèle et l'attention avec lesquels il soignait ses malades. Il fut à la fois bon médecin, habile chirurgien et accoucheur distingué.

Comme homme privé, le charme de sa conversation, la sûreté de ses relations, ses goûts artistiques lui attiraient les sympathies; aussi ses amis étaient-ils nombreux et sincères.

Comme administrateur, il se montra toujours juste et conciliant, et sut mériter l'estime et l'affection de ses concitoyens.

Tel est l'homme qu'une maladie longue et douloureuse a terrassé sans l'abattre. Comprenant sa situation, il était resté gai et actif, cherchant toujours à inspirer aux siens un espoir qu'il n'avait plus.

Ses obsèques ont été solennelles et les personnes qui ont parlé sur sa tombe ont rendu justice à l'homme de bien, à l'administrateur habile, au praticien consommé.

Qu'il nous soit permis à nous, médecins, de regretter le confrère instruit et sympathique qui aimait et honorait la profession.

Il fut un des premiers membres de l'Association médicale, au développement de laquelle il concourut comme trésorier. Plus tard, il se faisait inscrire au syndicat.

En lisant cette courte notice, les anciens dans la carrière se souviendront d'un ami dévoué et d'un confrère estimé, les jeunes y trouveront un modèle à imiter.

Orléans, 15 Octobre 1885.

Dr PATAY.

DISCOURS PRONONCÉS AUX OBSÈQUES

DISCOURS DE M. PANDEVANT.

Messieurs,

Le premier magistrat du département, M. le préfet du Loiret, voulait venir assister à cette douloureuse cérémonie ; une circonstance imprévue l'en empêche, c'est au sous-préfet de cet arrondissement qu'il appartient de venir devant cette tombe ouverte exprimer publique-ment les vifs regrets, le vide énorme que va causer dans ce pays la mort de l'homme honorable que nous accompagnons aujourd'hui.

En le faisant, je suis assuré de répondre au sentiment intime de tous les membres de ce conseil municipal qui m'entoure, des maires du canton, de toutes les personnes notables venues de toutes parts, de tous ceux en un mot qui l'ont connu.

Je dis adieu au médecin distingué et charitable, à l'élève de Strasbourg, à l'ancien docteur militaire qui, en 1871, au moment de l'invasion néfaste, reprenait ses anciennes fonctions et méritait la croix de la Légion d'honneur par ses soins multiples et dévoués à nos soldats blessés.

Je dis adieu au maire libéral et conciliant, à l'administrateur intègre et éclairé qui a, pendant tant d'années, dirigé cette cité.

Cher et vénérable docteur, votre vie si utile n'a pas retenti bruyamment comme celle des puissants et des grands de ce monde ; mais elle demeurera comme un modèle de dévouement et de civisme.

Vous quittez pour toujours vos concitoyens qui vous estimaient, qui vous aimaient, mais en partant vous leur laissez ce qui est ici-bas impérissable :

Le souvenir et l'exemple d'un homme de bien.

Adieu ! ou plutôt au revoir !

M. Georges Cochery succède à M. le sous-préfet et rend en ces termes hommage au regretté maire de Bellegarde :

MESSIEURS,

Permettez-moi de venir à mon tour adresser un dernier adieu à celui dont la perte est si cruellement sentie par nous tous.

La famille n'est pas seule à le pleurer; notre ville de Bellegarde, au milieu de laquelle s'est passée plus de la moitié de son existence, n'est pas seule à se sentir frappée par le coup qui nous enlève M. Tartarin.

Dans notre canton tout entier, il ne comptait que des amis; c'est au nom du canton tout entier que je viens ici dans ce triste moment apporter à sa mémoire un suprême hommage.

Que celui qui fut le soutien de sa vieillesse, dont le dévouement ne s'est pas démenti un seul instant, que celui qui a été plus que le fils aîné de notre malade, qui lui a prodigué ses soins au milieu de cruelles souffrances, trouve dans les regrets unanimes qui éclatent ici, sinon une consolation impossible à donner dans de pareilles douleurs, qu'il y rencontre au moins le témoignage de la sympathie de tous, de l'estime et de l'affection que son vénéré père a su mériter pendant sa vie si bien remplie.

Ah! si M. Tartarin fut dans sa famille le modèle des vertus domestiques, ses concitoyens n'oublient pas le dévouement du médecin et la longue et utile carrière de l'administrateur.

Né dans une ville voisine de Bellegarde, à Lorris, il était fier d'être enfant du pays; il fut pour nos concitoyens la preuve éclatante de ce que peuvent faire l'énergie de la volonté et la droiture du caractère.

En 1833, il s'engage dans le corps de santé de l'armée, voulant ainsi donner tout son dévouement à son pays.

A Strasbourg, au Val-de-Grâce, il se fait remarquer par ses éminents services. Et lorsque ses amis laissés au pays natal l'appellent ici pour venir prodiguer ses soins à ses concitoyens, il n'hésite pas, il accourt.

En 1849, une épidémie cholérique sévit dans une partie du canton, il est le premier sur la brèche pour combattre le fléau. Une médaille d'honneur lui est décernée comme témoignage de la reconnaissance publique.

Et depuis, dans cette néfaste période de 1870, au moment où notre pays gémissait sous le poids de l'invasion, alors qu'à quelques pas d'ici se livraient de sanglants combats, il fut encore le premier à donner ses soins aux blessés, à défendre ses concitoyens contre les exigences de l'étranger. Maire et médecin, il se donna tout entier à sa double mission, et la croix de la Légion d'honneur qui lui était décernée quelques mois après, ne fut que la juste récompense de sa belle conduite.

Nous ne pouvons sans émotion nous rappeler cette triste époque; mais, au moins, comme enseignement pour l'avenir, honorons ceux qui n'ont jamais reculé devant le devoir pour l'accomplir, et qui, dans ce but, ont donné toutes leurs forces, toute leur activité. Honneur à eux, honneur à ces patriotes, au premier rang desquels M. Tartarin a bien mérité sa place.

Utile à son pays, d'une exquise affabilité, rendant toujours service à ses concitoyens, M. Tartarin a dû à l'attachement dont tout le monde sut l'entourer de se voir imposer pendant trente années les délicates fonctions de maire ; il fut de ceux qui comprirent au lendemain de nos désastres, que c'était dans la République que désormais le pays devait chercher la sécurité de l'avenir. S'il eut alors des adversaires, il n'eut pas d'ennemis.

En saluant ici pour la dernière fois M. Tartarin, je salue le médecin plein d'abnégation, le patriote éprouvé, le républicain convaincu, l'administrateur dévoué à son pays.

Adieu, M. Tartarin, votre mémoire restera vivante dans la ville, dans le canton de Bellegarde, et tous, en rappelant votre nom, diront : il fut un homme de bien ; il fut l'ami de tous ceux qui l'approchèrent ; il fut un citoyen utile à son pays !

M. Ménard, adjoint au maire de Bellegarde, a pris ensuite la parole et adressé au défunt les adieux suivants :

MESSIEURS,

Avant que cette tombe se recouvre, permettez-moi de dire un dernier adieu à notre digne et vénérable Maire, à celui qui, depuis trente ans, a eu l'honneur mais aussi le lourd fardeau de veiller aux intérêts de notre chère commune, de sa chère commune de Bellegarde, comme il se plaisait à dire.

Messieurs, je ne vous rappellerai pas en détails tout

ce qu'il a fait de bien. Je me bornerai à dire qu'il a géré les affaires communales avec un grand savoir, avec ordre et économie, qu'il sut concilier bien des avis divers, aplanir nombre de difficultés par ses bons conseils, la droiture de son caractère et ce désir ardent de bien faire qu'il possédait au suprême degré ! accessible et bon pour tous ; s'intéressant plus particulièrement aux écoles et aux pauvres, dévoué autant à ses administrés qu'à ses malades.

Aussi, Messieurs, cette existence trop courte, hélas ! mais si bien remplie, ne pouvait faire différemment que d'attirer à celui que nous regrettons ici l'affection unanime de tous ceux qui l'ont connu. Cette nombreuse assistance, qui s'est fait un devoir de l'accompagner à sa dernière demeure, en est une preuve éclatante.

Puisse cette imposante manifestation de la reconnaissance et de l'amitié publiques adoucir les douleurs de sa chère épouse éplorée et de ses nobles enfants.

Et nous, Messieurs, gardons de ce bon citoyen, de ce cœur vraiment français, de cet homme de bien, un souvenir ineffaçable !

Adieu, Monsieur Tartarin ;

Adieu, au nom du Conseil municipal ;

Adieu, au nom du bureau de bienfaisance ;

Adieu, au nom de tous les habitants de la commune de Bellegarde !

Adieu, vénérable et regretté maire ;
Adieu !

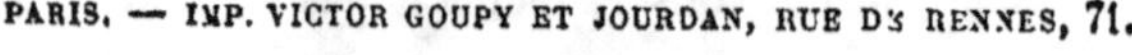

PARIS. — IMP. VICTOR GOUPY ET JOURDAN, RUE DE RENNES, 71.

9 782329 555522